Die heilige Messe als Feier

den Kindern erklärt

von Mechthild und Stefan K. Langenbahn

mit Illustrationen von Astrid Leson

Butzon & Bercker

Die heilige Messe

Lies nach!

Die heilige Messe feiern Christen bereits seit ca. 2000 Jahren, nämlich seit Jesus beim letzten Abendmahl zu seinen Jüngern gesagt hat: „Kommt auch in Zukunft in meinem Namen zusammen, haltet Mahl miteinander. In Brot und Wein werde ich euch nahe sein. Tut dies zu meinem Gedächtnis."
Das kannst du nachlesen im Lukasevangelium 22,14–20.

„Ich will nicht in die Messe"

„Ich will nicht in die Messe", sagt Teresa.
Es ist Sonntagmorgen. Alle sind schon fertig angezogen, um in die Kirche zu gehen – nur Teresa noch nicht.
„Jetzt beeil dich doch!"
„Ich will lieber zu Hause bleiben", sagt Teresa.
„Du kannst nicht alleine zu Hause bleiben, das weißt du", entgegnet Mama.
„Aber die Messe ist langweilig!"
„Die ist auch für Erwachsene langweilig", erwidert ihr großer Bruder.

Den **Kindern** erklärt

„Die Messe kann langweilig sein", mischt sich Papa ein, „da habt ihr recht, aber sie muss es nicht!"

Mach mit!

Was fällt dir ein, wenn du an den Gottesdienst in eurer Gemeinde denkst? Sind es immer dieselben Menschen, die auf den Bänken in deiner Nähe sitzen? Ist der Weg zur Kirche besonders schön? Unternehmt ihr gemeinsam als Familie nach dem Kirchgang etwas? In vielen Familien entwickeln sich schöne Bräuche rund um den sonntäglichen Kirchgang, an die man sich später – als Erwachsener – gern zurückerinnert.

Die heilige Messe

Wusstest du …

Burg Eltz in der Eifel ist auf einem 70 m hohen Felsen erbaut, der auf drei Seiten vom Eltz-Bach umflossen ist. Sie hat acht Wohntürme, die bis zu 35 Meter hoch sind.

Stell dir eine Burg vor

Sicherlich hast du schon einmal eine Burg gesehen – oder sogar mehrere Burgen. Wie sahen sie aus? Gab es Gemeinsamkeiten? Unterschiede? Die Burg, die ich mir jetzt vorstelle, gibt es wirklich. Ich will sie dir beschreiben. Sie liegt am Eltz-Bach. Der mündet in die Mosel. Die Burg ist nie zerstört worden. Es müssen friedfertige Leute gewesen sein, denen die Burg gehörte. Und wenn sie nicht friedfertig waren, dann müssen sie klug gewesen sein. Sie haben sich mit den Feinden versöhnt, bevor ihre Burg angegriffen und zerstört wurde.

Zuerst hat nur eine Familie in der Burg gewohnt. Doch sie wurde immer größer und schließlich waren es drei Familien. Jede Familie baute sich einen Wohnturm. Und die Nachkommen bauten die Wohntürme immer wieder um. Sie erweiterten die Türme so, wie es ihnen gefiel, und so, dass alle gut darin leben konnten. Natürlich mussten sie dabei immer auf die Grundmauern achten, um zu verhindern, dass die Burg wie ein Kartenhaus in sich zusammenfällt.

So ist eine schöne Burg gewachsen – mit immer mehr Türmen, Toren, Erkern und Giebeln. Und alles wird durch eine Burgmauer zusammengehalten und geschützt. Noch heute wird diese Burg bewohnt und noch immer wird an ihr gebaut.

Die Messe ist wie eine hohe Burg

Es ist schon ein wenig ungewöhnlich, die heilige Messe mit einer Burg zu vergleichen. Denn die Messe ist ja eine Feier und kein Gebäude. Und die Messe ist jeden Sonntag neu. Doch die Messe besteht wie unsere Burg aus Teilen, die von Anfang an da waren, und sie besteht aus Teilen, die erst später hinzugekommen sind. Sie ist wie ein hohes Haus, das es schon fast zweitausend Jahre lang gibt.

Im Laufe der Zeit ist vieles an- und umgebaut worden – wie bei unserer Burg. Viele Völker haben an der Messe mitgebaut. Das kannst du auch daran sehen, dass in der Messe viele Sprachen gesprochen werden.

Amen!

Credo in unum Deum

Amen!

Viele Sprachen

Wenn du in der Messe mitmachst, sprichst du Hebräisch, Griechisch, Lateinisch und natürlich auch Deutsch.

Der Ruf „Kyrie eleison" zum Beispiel ist griechisch und bedeutet: „Herr, erbarme dich."

„Credo in unum Deum" ist lateinisch und heißt: „Ich glaube an den einen Gott."

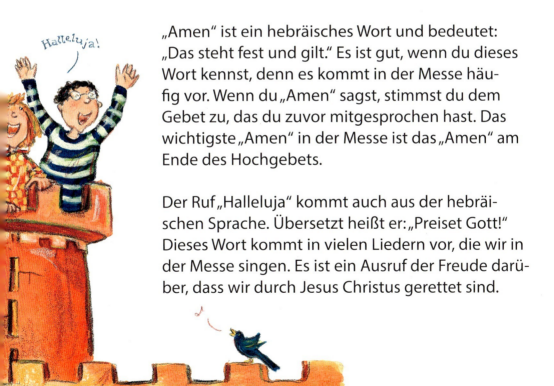

„Amen" ist ein hebräisches Wort und bedeutet: „Das steht fest und gilt." Es ist gut, wenn du dieses Wort kennst, denn es kommt in der Messe häufig vor. Wenn du „Amen" sagst, stimmst du dem Gebet zu, das du zuvor mitgesprochen hast. Das wichtigste „Amen" in der Messe ist das „Amen" am Ende des Hochgebets.

Der Ruf „Halleluja" kommt auch aus der hebräischen Sprache. Übersetzt heißt er: „Preiset Gott!" Dieses Wort kommt in vielen Liedern vor, die wir in der Messe singen. Es ist ein Ausruf der Freude darüber, dass wir durch Jesus Christus gerettet sind.

Die Messe hat viele Namen

Die ersten Christen nannten die heilige Messe das „Brotbrechen". Auch bei uns wird in der Messe immer noch das Brot gebrochen. Das Brot, das in der Messe verwandt wird, kennen wir in Form von kleinen, dünnen Scheiben, den Hostien. In manchen Pfarrgemeinden wird ein Fladenbrot gebrochen, so wie es am Anfang war. Beim Brechen des Brotes kann dann jedes Kind sehen und verstehen:

Dieses Brot ist Jesus Christus, der sich bei seinem Tod am Kreuz hat brechen lassen. Er hat sich auch für mich brechen lassen. Er gibt mir zu essen und sorgt sich um mein Leben. Er nährt auch mich mit seinem Leben. Alle bekommen ein Stück von dem einen Brot. Alle, die das Brot essen, sind in Christus miteinander verbunden.

Die heilige Messe wird auch „Eucharistiefeier" genannt. Eucharistie ist griechisch und bedeutet Dank und Lobpreis. Als Jesus zum letzten Mal mit seinen Freunden, den Jüngern, zu Abend aß, hat er das Brot genommen und darüber den Lobpreis gesprochen. Er hat Gott, seinem Vater, für alle Wohltaten gedankt. Das Gleiche hat Jesus mit dem Wein im Becher gemacht.

In der Messe sind alle eingeladen, Gott zu danken. Der Priester sagt: „Lasset uns danken, dem Herrn, unserm Gott." Dann antworten alle: „Das ist würdig und recht." Es ist ganz richtig und hat seinen guten Grund, dass wir Gott preisen.

Den **Kindern** erklärt

Die heilige Messe

Steckbrief

Außer dem Priester feiern **Messdiener,** auch Ministranten genannt, die Messe am Altar mit. Es sind Mädchen und Jungen, die schon zur Erstkommunion gegangen sind. Sie haben viel über den Ablauf der heiligen Messe gelernt, kennen die Gegenstände, die für die Feier benötigt werden, und verrichten einen wichtigen Dienst am Altar.

Bauplan der heiligen Messe

In einem Haus, das viele Zimmer und Stockwerke hat, findet man sich leichter zurecht, wenn man den Plan des Hauses kennt. So ist es auch mit der Eucharistiefeier. Unser Bauplan zeigt die wichtigsten Räume und Grundmauern.
Wie eine Burg sich aus mehreren Teilen zusammensetzt, so besteht die Messe gleichsam aus zwei Hauptteilen. Die sind ganz eng ineinandergefügt, so dass sie eine Feier bilden.

Wortgottesdienst

Im ersten Teil der Messe geht es um das, was Jesus Christus gesagt hat und uns heute noch lehrt. Diesen Teil nennt man Wortgottesdienst. Bevor wir sein Brot teilen, erfahren wir, wer Jesus Christus eigentlich war, und hören seine frohe Botschaft. In diesem Teil der Messe wird viel aus der Bibel vorgelesen.

Eucharistiefeier

Im zweiten Teil der Messe, in der Mahlfeier, sprechen wir das Hochgebet über die Gaben von Brot und Wein. Durch dieses Gebet werden Brot und Wein etwas Neues. Es ist Gottes Heiliger Geist, der Brot und Wein zu Leib und Blut Jesu Christi wandelt. Wir brechen und essen sein Brot.

Das alles schauen wir uns genauer an, wenn wir unsere Burg besichtigen. Doch bevor wir durch die Burg, durch alle Räume der Messe, hindurchgehen, wollen wir zuerst die Grundmauern betrachten. Diese tragen nämlich das ganze Bauwerk und geben ihm Halt.

Erster Raum
Wortgottesdienst

Übergang
Gabenbereitung

Zweiter Raum
Eucharistiefeier

Eröffnung

Grundmauern

Abschluss

Wir feiern den ersten Tag der Woche

Das ist die erste Grundmauer, die das Haus der Messe von Anfang an trägt: Der Tag, an dem sich die ganze Gemeinde versammelt und Eucharistie feiert, ist auf den Sonntag, den ersten Tag der Woche, festgelegt – oder auch auf den Samstagabend, weil er schon zum Sonntag gehört. Das kommt daher, dass an einem ersten Tag der Woche vor fast zweitausend Jahren etwas Unerwartetes und Ungeheuerliches geschehen ist.

Der erste Tag der Woche – vor 2000 Jahren

Nachdem nämlich Jesus am Kreuz gestorben war, kamen Frauen am ersten Tag der Woche zu seinem Grab. Die Sonne war noch gar nicht richtig aufgegangen. Sie wollten den toten Leib Jesu mit Balsam und Öl salben. Doch das Grab war leer. Aufgeregt und glücklich liefen die Frauen zu den Jüngern Jesu und verkündeten zum ersten Mal: „Jesus ist von Gott auferweckt worden. Er lebt nun bei Gott. Der Tod hat seine Macht verloren."

Auch wir verkünden

Was die Frauen am ersten Tag der Woche getan haben, das tun wir an jedem Sonntag aufs Neue. Das ist eine zweite Grundmauer, die das Haus der Messe trägt. Wir und die Christen in allen Kirchen bekennen: "Jesus Christus lebt." Mitten in der Messe sagen wir das mit feierlichen Worten: "Deinen Tod, o Herr, verkünden wir und deine Auferstehung preisen wir, bis du kommst in Herrlichkeit." Das ist die Mitte unseres Glaubens. Der Priester sagt: "Das ist das Geheimnis unseres Glaubens." Mit dem Geheimnis ist also keine geheime Sache gemeint, die man niemandem weitererzählen darf. "Jesus Christus lebt!", und das soll jeder wissen.

Du hast freien Eintritt

Eine Burgbesichtigung kostet Eintritt. Wenn du zur Messe kommst, brauchst du nichts zu zahlen. Du hast deinen Eintrittsschein schon gelöst: Du bist getauft. Das ist eine dritte Grundmauer, die das Haus der Messe trägt: Wir sind versammelt als eine Gemeinschaft von Getauften. Deine Eltern haben bei deiner Taufe gesagt: "Wir glauben an Gott und vertrauen ihm unser Kind an." Durch die Taufe bist du ein Kind Gottes geworden. Der König, der in der Burg wohnt, ist also auch dein Vater. Du darfst immer zu ihm kommen. Du hast einen festen Platz in seinem Festsaal, denn du trägst die Krone des Glaubens.

Die heilige Messe 14

 **Mach mit!**

Außer Messgewand und weißem Untergewand trägt der Priester in der Messe noch weitere symbolische Kleidungsstücke. Lass sie dir doch einmal nach dem Gottesdienst von ihm zeigen und erklären.

Vorbereitung auf die heilige Messe

Die Messe ist eine besondere Feier. Wer zu einer Feier geht, zieht besondere Kleider an, die zeigen, dass gefeiert wird. In der Messe kleiden sich deswegen, stellvertretend für alle Anwesenden, der Priester, der Diakon und auch die Ministranten in besondere Gewänder. Die Farben der Gewänder zeigen, was gefeiert wird. Denn die Kirche feiert jeden Tag:

- Das weiße Untergewand erinnert an die Reinheit der Taufe, die alle Christen verbindet. Weiß ist aber auch Farbe des Lichts und der Freude und wird z. B. an Weihnachten und Ostern getragen.
- Schwarz ist die Farbe der Trauer, z. B. an Beerdigungen.
- Rot, die Farbe des Blutes, erinnert an Märtyrer, die für ihren Glauben gestorben sind. Außerdem wird Rot, als Farbe des Feuers und des Heiligen Geistes, an Pfingsten getragen.
- Violett sind die Gewänder der Fastenzeit und des Advents als Zeichen für Buße, Besinnung und Umkehr.
- Grün drückt Hoffnung, Leben und Wachstum aus. Es wird immer dann getragen, wenn keine andere Farbe vorgeschrieben ist.

Schatzkammer

Warst du schon einmal in der Schatzkammer einer großen Kathedrale, eines Domes oder einer Basilika? Ein bisschen erinnert eine solche Schatzkammer an ein Museum, das auch aus längst vergangener Zeit erzählt. Oder an die Schatzkammer einer Burg, in der seit Jahrhunderten die Schätze der Burgherren aufbewahrt werden. Auch in unserer Burg Eltz gibt es eine Schatzkammer.

In einer Domschatzkammer sind kostbare liturgische Geräte, z. B. Monstranzen, Weihrauchfässer und Kelche, aufbewahrt. Aber auch Bischofsstäbe längst verstorbener Bischöfe und Gewänder aus früheren Jahrhunderten, oft sehr prächtig und schwer, werden zur Besichtigung ausgestellt. In der Domschatzkammer ahnen wir: Wir sind Teil einer langen Tradition und Geschichte. Lange vor uns haben Menschen in der Kirche Gott gesucht und sind ihm im Gottesdienst nähergekommen.

Wusstest du ...

Wir verehren Jesus Christus als Herrn, als Schöpfer und Heilsbringer. Für ihn ist das Beste gerade gut genug. Deswegen benutzen wir in der Messe ihm zu Ehren kostbare Gegenstände, die teils aus Gold und reich verziert sind, z. B. Kelch, Hostienschale oder das Weihrauchfass. In der Monstranz trägt der Priester das heilige Brot am Fronleichnamsfest durch die Straßen und zeigt es den Gläubigen. Die kostbaren Gegenstände werden in der übrigen Zeit sorgsam in der Sakristei verwahrt.

Alles hat einen Anfang – auch die Messe

Die Eröffnung der heiligen Messe ist wie ein kleiner Vorhof. Er liegt hinter dem Torbogen und vor der eigentlichen Burg. Bevor wir den ersten großen Raum betreten, sammeln wir uns an dieser Stelle. Zuerst machen alle das Erkennungszeichen der Christen: das Kreuzzeichen. Wenn du das Zeichen machst, wissen die anderen: „Du gehörst zu Christus – du gehörst zu uns – wir gehören zusammen."
Dann begrüßen sich alle. Wir machen das mit einem alten Gruß: Der Priester sagt zu uns, dass Jesus Christus bei uns ist. Und wir antworten, dass Jesus Christus auch bei ihm ist. Das macht uns Mut. Wir haben einen großen Freund, der in unserer Mitte ist und uns begleitet.
Manchmal geht der Priester dann durch die Kirche und sprengt Wasser aus über alle, die da sind. Das erinnert alle daran, dass sie getauft sind. Wir haben unseren Platz in der Gemeinschaft, die durch Christus gerettet ist. Wer hat schon einen Freund an seiner Seite wie wir, der für ihn sein Leben hingegeben hat? Und der ihm ewiges Leben schenken kann? Wir freuen uns darüber und singen davon in einem uralten Lied: Ehre sei Gott in der Höhe!
Dann folgt noch unser Gebet. Jetzt sind wir vorbereitet, weiter in die Burg einzutreten und dem König zu begegnen, der in der Burg wohnt. Während der Eröffnung stehen alle. Das zeigt, dass wir bereit sind, zu ihm zu kommen. Der Herr ist bei uns – und wir sind noch unterwegs zu ihm.

17 Den **Kindern** erklärt

Die heilige Messe

Mach mit!

Nach der Predigt sprechen wir die Fürbitten. Denn wir können nicht vor Gott stehen, ohne auch die Not in unserer Welt zu sehen. Wir wissen durch Jesus, dass Gott jeden Menschen angenommen hat. Wir vertrauen Gott und wissen, dass wir ihm alles sagen können. Er hat alle Macht. Wo wir zu klein, schwach und hilflos sind, wird er die Dinge zum Guten hin verändern.

Zuhören und antworten

Zuhören und antworten – das machst du ganz oft, jeden Tag. Aus Zuhören und Antworten besteht auch der erste Teil der Messe: der Wortgottesdienst. Wir hören auf das, was Gott früher zu den Menschen gesagt hat. Das teilt er uns heute von Neuem mit. Der Wortgottesdienst ist der erste große, weite Raum unserer Burg. Durch die vielen Fenster kommt ein schönes Licht herein. Hier halten wir uns länger auf. Zuerst setzen wir uns hin. Der König selbst spricht zu uns, indem jemand an seiner Stelle vortritt und sein Wort verkündet. Das macht er von einem besonderen Platz aus, von dem er gut zu sehen und gut zu hören ist: vom Ambo. Ein oder zwei Abschnitte aus der Heiligen Schrift werden vorgelesen. Die ganze Gemeinde antwortet mit Liedern auf das Wort Gottes.

Dann wird die Frohe Botschaft verkündet, das Evangelium. Jesus Christus ist der Sohn des Königs. Er selbst spricht nun zu uns, und alle stehen auf. Er ist unser Herr. Er kommt zu uns in seinem Wort. Wir begrüßen ihn mit dem Halleluja. In der Predigt hilft der Priester allen zu verstehen, was Gott uns sagen will.

Den **Kindern** erklärt

Sitzen, stehen, knien

In der Messe kannst du nicht herumrennen, nicht spielen und toben. Deswegen kommt sie dir manchmal etwas langweilig vor. Eigentlich ist dein ganzer Körper aber doch beteiligt. Immer wieder veränderst du in der Messe deine Körperhaltung: Du sitzt, stehst oder kniest. Dass unser Geist und Körper, Seele und Leib zusammengehören, zeigen wir in der Messe durch verschiedene Körperhaltungen. So drückt unser Körper aus, was die Seele fühlt und wie sie sich auf Gott einlässt:

- Wir sitzen, wenn wir zuhören, uns besinnen oder Stille erfahren.
- Wir stehen vor Gott, wenn etwas Wichtiges beginnt oder weil wir besonders aufmerksam zuhören, z. B. beim Evangelium.
- Wir verneigen uns als Zeichen der Verehrung.
- Wenn wir uns hinknien, machen wir uns klein vor Gott, unserem Schöpfer. Wir bitten ihn um etwas, danken ihm oder preisen ihn.

 Mach mit!

Auch das Gehen passt gut zum Beten. Denn wer geht, ist unterwegs. Das kann bei Prozessionen, etwa an Fronleichnam, oder auf langen Pilgerreisen, zum Beispiel nach Santiago de Compostela in Spanien, sein. Im Gehen zeigt sich: Der Betende sucht Gott. Zu ihm ist er unterwegs.

Essen vorbereiten und Tisch decken

Das Essen vorzubereiten und den Tisch zu decken gehört zu jedem Festmahl. Das ist der Übergang zum zweiten großen Teil der Messe. Er ist wie eine Brücke, die vom Wortgottesdienst hinüberführt zum zweiten großen Raum unserer Burg. Hier werden die Gaben bereitet. Dann erst können alle im großen Saal zum Essen Platz nehmen.

Der Tisch wird geschmückt mit Kerzen und Blumen. Brot und Wein werden auf den Altartisch gestellt. Das sind die Gaben. Brot und Wein sind Dinge, die uns unsere Erde schenkt. Mit ihnen bringen wir unsere Welt vor Gott.

Brot und Wein – Früchte der Erde und der Arbeit

Bei dem Teil der Messe, den wir Gabenbereitung nennen, erhebt der Priester die Schale und die Hostie mit den Worten: „Gepriesen bist du, Herr, unser Gott, Schöpfer der Welt. Du schenkst uns das Brot, die Frucht der Erde und der menschlichen Arbeit. Wir bringen dieses Brot vor dein Angesicht, damit es uns das Brot des Lebens werde."

Danach gießt der Priester Wein und Wasser in den Kelch und spricht: „Gepriesen bist du, Herr, unser Gott, Schöpfer der Welt. Du schenkst uns den Wein, die Frucht des Weinstocks und der menschlichen Arbeit. Wir bringen diesen Kelch vor dein Angesicht, damit er uns der Kelch des Heiles werde."

 Wusstest du …

In diesen einfachen Gaben, Brot und Wein, bringen wir uns selbst vor Gott und legen alles, was uns bewegt, vertrauensvoll in seine Hände. Wir glauben: Gott kann alles gut werden lassen, auch das, was in unserer Welt nicht heil ist. Das ist auch gemeint, wenn wir das folgende Kirchenlied singen: „Wenn wir unsre Gaben bringen, bringen wir uns selber dar. Was wir sind und mit uns tragen, legen wir auf den Altar."

Die heilige Messe

Mach mit!

Das Hochgebet beginnt mit feierlichen Worten, die sich der Priester und die Gemeinde gegenseitig zurufen. Diese Worte klingen etwas merkwürdig. Aber es ist gut, wenn wir über diese Worte stolpern. „Erhebet die Herzen!" – Das kann auch heißen: „Wo habt ihr eure Herzen?" – Wir rufen froh: „Wir haben sie beim Herrn."

Das Gebet, das Brot und Wein wandelt

Das Gebet, das Brot und Wein wandelt, ist ein besonders wichtiges Gebet. Deshalb heißt es Hochgebet. Mit diesem Gebet betreten wir den schönsten Raum unserer Burg, es ist der Höhepunkt der Feier. Der Priester spricht den Lobpreis Gottes über Brot und Wein. Er spricht ihn im Namen aller, die da sind. Deshalb gibt es im Hochgebet viele Abschnitte, die wir gemeinsam singen und sprechen. Wie Jesus beim letzten Mahl mit seinen Jüngern das Brot genommen und Gott gepriesen hat, so preisen auch wir unseren guten Gott und bekennen, dass wir an ihn glauben.

Wir wissen: Unsere Welt ist nicht nur gut. Es gibt Böses und Dinge, die uns Angst machen. Es gibt den Tod. Wir preisen Gott, dass er uns hilft, wie er seinem Volk Israel geholfen hat. Wir preisen ihn, der Jesus Christus von den Toten auferweckt und den Tod vernichtet hat. Wenn wir so beten, stehen wir im Glauben vor Gott. Der Himmel ist dann auf der Erde. Deshalb können wir einstimmen in das Lied der Engel, die Gott besingen: Heilig, heilig, heilig!

Brot des Lebens – Kelch des Heiles

Der Priester erbittet von Gott, dass er durch seinen Heiligen Geist die Gaben von Brot und Wein annimmt und sie uns wiedergibt als seine heilige Speise. Dabei erinnern wir uns an das, was Jesus beim letzten Abendmahl gesagt und getan hat. Wenn wir das alles zu seinem Gedächtnis tun, ist Jesus in unserer Mitte. Wir verkünden seinen Tod und preisen seine Auferstehung und dass er bei Gott lebt. Wir verkünden dieses Geheimnis des Glaubens mit allen, die vor uns gelebt und geglaubt haben, mit den Aposteln, mit Maria, mit den Heiligen aller Zeiten; wir verkünden es auch mit allen, die an anderen Orten die Messe feiern, mit denen, die die Kirche leiten und den Glauben schützen.

Am Ende dieses Gebetes steht dann das größte Amen der Messe. Es ist die Unterschrift aller unter dieses Gebet. Du musst es mitsprechen und dem Gebet zustimmen. Das ist wirklich wichtig, sonst fehlt diesem Gebet etwas. Es ist ja das Hochgebet, in dem Brot und Wein verwandelt werden zum Brot des Lebens und zum Kelch des Heiles.

Wir halten das österliche Mahl

Mit dem Vaterunser bereiten wir uns auf dieses Mahl vor. Das Gebet, das Jesus selbst seine Jünger gelehrt hat, ist unser Tischgebet. Darin bitten wir Gott unseren Vater, um das tägliche Brot. Das Brot, das wir zu Hause am Tisch teilen, erinnert uns an das Brot Jesu Christi, das wir in der Eucharistiefeier am Altar teilen. Im Vaterunser bitten wir Gott auch darum, dass er uns von unseren Sünden befreit. Denn wenn er mit uns Mahl hält, kann uns nichts mehr von ihm trennen.
Es folgen noch andere Worte und Zeichen, die sagen: Nichts soll zwischen uns und unseren Mitmenschen stehen. Wir empfangen alle von dem einen Brot. Deshalb wollen wir zu einer lebendigen Einheit zusammenwachsen. Wir wollen allen Streit hinter uns lassen und einander vergeben. Wir wollen dazu beitragen, dass es keine Zwietracht gibt in der Welt, in der Kirche, in unserer Gemeinde und unter denen, die von dem einen Brot essen. Dann geben wir den Nachbarn in unserer Bank die Hand als Zeichen des Friedens.
Danach wird das Brot gebrochen. Wir singen dazu: „Lamm Gottes, gib uns deinen Frieden." Jesus Christus ist das Lamm Gottes. Er hat sich für uns hingegeben, damit wir das ewige Leben haben und befreit leben können. Wir halten jetzt in der heiligen Kommunion Mahl mit ihm.

Den **Kindern** erklärt

Die heilige Messe

Gebet

Herr, mach mich zu einem Werkzeug deines Friedens,
dass ich liebe, wo man hasst;
dass ich verzeihe, wo man beleidigt;
dass ich verbinde, wo Streit ist;
dass ich die Wahrheit sage, wo Irrtum ist;
dass ich Glauben bringe, wo Zweifel droht;
dass ich Hoffnung wecke, wo Verzweiflung quält;
dass ich Licht entzünde, wo Finsternis regiert;
dass ich Freude bringe, wo der Kummer wohnt.

Der Ausgang

Damit haben wir den Ausgang der Messe erreicht. Über eine kleine Treppe verlassen wir unsere Messe-Burg. Drei Stufen führen uns hinaus: ein Gebet, ein Gruß des Priesters und der Segen.

Wusstest du …

„Gehet hin in Frieden", ruft der Priester der Gemeinde zum Abschluss zu. Alle antworten: „Dank sei Gott, dem Herrn." Früher wurde die Messe in lateinischer Sprache gefeiert. Da rief der Priester zum Abschluss: „Ite, missa est." Das heißt übersetzt: „Gehet hin, es ist die Aussendung." Dieser Ruf sagte aber nicht nur, dass die heilige Feier beendet war und alle die Kirche verlassen durften. Nein, er vergab eigentlich einen Auftrag an alle, die den Gottesdienst gemeinsam gefeiert hatten. Der Priester sendete die Gläubigen aus. Damals wie heute fordert er mit dem Entlassungsspruch alle auf:
Geht! Ich sende euch! Verkündet die frohe Botschaft Jesu! Bringt seinen Frieden zu allen! Erzählt von unserer Feier! Bringt Hoffnung, Freude und Frieden zu den Menschen!

Komm und mach mit!

Wenn du mitmachst, ist die Messe nicht langweilig. In der Messe bist du kein Zuschauer. Du selbst kannst Gott preisen. Du kannst schon „Amen" sagen. Viele Gebete und Lieder wiederholen sich, und wenn du sie mitbetest, kennst du sie bald in- und auswendig. Du kannst Halleluja singen. Du kannst knien und stehen und sitzen. Du kannst das Weihwasser nehmen. Du kannst das Kreuzzeichen machen. Du kannst den Weihrauch riechen. Du kannst zuhören, wenn aus der Heiligen Schrift vorgelesen wird. Du kannst still werden. Auch du kannst für andere bitten, die in Not geraten sind. Wer zur ersten heiligen Kommunion gegangen ist, kann auch das Brot Jesu Christi empfangen.

Komm mit und du wirst sehen, wie viel du schon machen kannst. Du kannst auch zum Pfarrer gehen und ihr könnt darüber sprechen, wie alle, Alte und Junge, in der Messe noch besser mitmachen können. Vor einigen Jahren haben sich nämlich alle Bischöfe der Kirche mit dem Papst in Rom getroffen. Sie haben erklärt, dass die Gottesdienste so sein sollen, dass alle gut teilnehmen können. Alle sollen im Haus der Messe wohnen und sich zu Hause fühlen können. Also komm mit uns in das große Haus der Messe und lass uns sehen, wie wir dort wohnen können.

Der Ablauf der heiligen Messe

Eröffnung

Einzug und Lied
Begrüßung und Kreuz-
 zeichen
Schuldbekenntnis
Kyrie
Gloria
Tagesgebet

Wortgottesdienst

Lesung (ggf. Zwischen-
 gesang und 2. Lesung)
Zwischengesang
 oder Halleluja
Evangelium
Predigt
Glaubensbekenntnis (Credo)
Fürbitten

Eucharistiefeier

Gabenbereitung und
 Gabengebet
Eucharistisches Hochgebet
Vaterunser
Friedensgruß
Brotbrechung / Lamm Gottes
 (Agnus Dei)
Kommunionspendung
Schlussgebet

Abschluss

Segen und Entlassung
Auszug und Schlusslied

Hinweise für Eltern, Erzieher und Katecheten

Wenn wir ehrlich sind, ist es manchmal auch für uns Erwachsene eine Überwindung, am Sonntag den Gottesdienst zu besuchen. Der Sonntag ist vielleicht der einzige Tag der Woche ohne Termine, Alltagsstress, Verpflichtungen; es ist der einzige Tag, an dem man in den Tag hineinleben kann.

Eine Erinnerung daran, warum wir die heilige Messe feiern, ist hilfreich. Als Jesus mit seinen Jüngern das letzte Abendmahl feierte, trug er ihnen auf: „Tut dies zu meinem Gedächtnis." Auch 2000 Jahre nach seinem Tod versammeln wir Christen uns, erinnern uns an seinen Tod und feiern seine Auferstehung. Wir glauben und bekennen als zentrales Geheimnis unseres Glaubens: Jesus ist uns im Gottesdienst besonders nah, wenn wir sein Wort hören und ihn in der heiligen Kommunion empfangen. Wir vertrauen darauf, dass Christus uns in der Eucharistie begegnet und uns Kraft für den Alltag schenkt.

Der Gottesdienst ist ein Angebot, das eigene Leben in der Gegenwart Gottes zu betrachten, das abzugeben, was für uns zu schwer ist. Zugleich dürfen wir mit neuem Schwung die Liebe Jesu in die Welt tragen und seine Botschaft verkünden, damit auch das Leben anderer heller und hoffnungsfroh wird.

Den **Kindern** erklärt

Sich mit Kindern dem Thema nähern

Der vorliegende Buchtitel möchte den Kindern den „Bau" der heiligen Messe erklären.

Dabei wird die Messfeier mit einer Burganlage verglichen, die zunächst von außen besichtigt wird. Danach wird das Innere in Augenschein genommen und näher beleuchtet. Jeder „Raum" der Messe wird besucht. Mit diesem Leitmotiv des Buches erschließt sich den Kindern der Sinn der einzelnen Gottesdienstteile ganz neu. Sie erhalten die Möglichkeit, wirklich Anteil an der Messe zu nehmen, Teile der Liturgie zu verstehen und einen ersten Zugang zur Eucharistie zu bekommen. Dabei liegt ein Schwerpunkt der Darstellung auf dem Geschichtlichen, aus dem heraus sich die Messe, wie wir sie heute feiern, entwickelt hat. Mit dem Bild der Burg sollen aber auch Schutz und Geborgenheit vermittelt werden, die wir Christen in der heiligen Messe erfahren dürfen, in der uns Jesus Christus über Zeit und Raum hinweg besonders nah ist und seine Gegenwart zusagt.

Sicherlich bietet es sich an, mit Kindern auch einmal eine Burganlage in Ihrer Nähe zu besuchen. Im Anschluss daran wird der Inhalt dieses Buches fassbarer. Vielleicht malen Sie mit den Kindern auch Ihre Burg und übertragen den Bauplan der heiligen Messe konkret darauf. Nach gemeinsamen Besuchen der Messe werden bei den Kindern viele Fragen aufkommen. Nehmen Sie sich Zeit, gemeinsam über diese Fragen nachzudenken.

Quellennachweis

Texte und Lieder: S. 21: © Musik und Wort, Aschau am Inn
Fotos: S. 3: © Marion Neuhauß – Fotolia.com; S. 4: © Photo_Ma – Fotolia.com; S. 6: © Daoud – Fotolia.com; S. 8: © Magdalena Kucova – Fotolia.com; S. 10, 21: Markus Grimm; S. 14: Jürgen Bernhard Hölzer, Saarbrücken; S. 15: © ctvvelve – Fotolia.com; S. 18: © Ljupco Smokovski – Fotolia.com; S. 19: © Anna Gleen – Fotolia.com; S. 26: © PRILL Mediendesign – Fotolia.com

Bibliografische Information der Deutschen Nationalbibliothek
Die Deutsche Nationalbibliothek verzeichnet diese Publikation in der Deutschen Nationalbibliografie; detaillierte bibliografische Daten sind im Internet über http://dnb.d-nb.de abrufbar.

Das Gesamtprogramm von Butzon & Bercker finden Sie im Internet unter www.bube.de

ISBN 978-3-7666-3036-0

Den Kindern erzählt/erklärt 36

2. Auflage 2015

© 2015 Butzon & Bercker GmbH, Hoogeweg 100, 47623 Kevelaer, Deutschland, www.bube.de
Alle Rechte vorbehalten.
Umschlagillustration: Astrid Leson
Umschlaggestaltung und Satz: Kai & Amrei Serfling, Leipzig
Printed in Poland